물의 발원지를 향하여

曙演 조정자 시집

계간문예

물의 발원지를 향하여

| 시인의 말 |

내가 나에게 시인이란 이름씨가 민망하다.
하지만 꿈조차 없다면 생존의 의미가 없는 삶은
한숨이 되었을 것이다.
부족함을 질책하며 꿈을 쫓는다.
늦게 등단한 노년이라도
이제 나에게 사랑을 주고 싶다.
이제 나에게 시를 쓸 수 있는 보상을 해주고 싶다.
문학이란 짝사랑을 내밀히 간직하고 살아온 젊은 날들
몰입의 순간은 행복하다.
어떤 원로 한 분이 문학은 마약이라 했다.
약쟁이! 실속 없는 약쟁이다.
중독자!
졸작임을 드러내며 머뭇거려져도.

2021년 가을에

暳演(혜연) 조정자

■ 차례

제2부 바람이 불면

제3부 종이꽃

제4부 들꽃

제5부 우아함을 위하여

제1부

꽃길로만

통배추

겉과 속이 다른 배추
겉대를 떼어낼수록
알찬 노란 배추 속
깊은 곳으로 들어갈수록
순결한 고운 속잎

겉잎이 초록에 이울어 누런 잎 져도
세상 잡티 묻지 않은
속잎은 자꾸 솟아

내 겉도 속마음도 함께
세월의 잡티 묻어
배추 속의 자꾸 솟는
청정한 노란 속잎
배추 한살이가 부럽기도 하다

한강의 발원지

한강의 발원지를 갔다
협곡을 따라 흐르는 맑은 정기
계절의 축제 신록이 살랑이는 투명 연두

한 시간 거리에 발원지가 있다 하는데
가다가다 숨차서 쉼 한다고 아주 주저앉아
앞으로 흐르는 물소리 굽어보니
파르란 하늘도 신록들도 물에 잠겨
조약돌도 숨바꼭질 하듯 살포시

풍경을 훼손하는 얼굴 하나
내 그림자 낯설기도 하다
윗물은 저리 맑아 행여
1급수에 사는 물고기도 사르르
미끄럼 타듯 흙물을 일으킬세라

맑은 윗물 손바닥 오므려 물을 담아
내장까지 씻겨나기를 바라며 물을 마신다

끝끝내 윗물처럼 맑아야
처음처럼 티 없어야
깊은 강바닥까지 훤한 세상

하지만 물은 멀리 흐를수록
인가를 흐르는 지류를 품어
본래 얼굴을 잃어버린다

꽃길로만

인생이
꽃길만 있다면
꽃길의 아름다움을
알 수 있을까

그래도 너만은
늘 꽃길로만 가기를

꽃잎들이 잠들어

오래된 시집 갈피에는
풀꽃이 잠을 잔다
연한 잎맥이 뼈의 형태로
풀잎도 잠들었다

온갖 꽃들이
살포시 잠이 들어 혼곤하다
꽃색은 잠자면서 바래어

내 그리움의 색깔도
이리 바래었으면

마음결에 새겨진 그리움들은
애틋한 유년의 추억들이 숙성되어
선연함에 홀연히 생명의 꽃들로 피어난다

자연인

나무와 풀과
꽃나무와 새들과 버러지와
그들 속에 나와
같은 햇빛 속에
한통속이었다

틈새

차량들 사이
시간의 초침 사이로 곡예를 하는
저 치열한 생
진지한 몰입

붉은 신호등 교차로에 멈춰 선 오토바이
초침 사이 담배를 문다
푸른 담배 연기가 곡선으로 피어나는
달고 짜릿한 순간
아슬아슬 붉은 신호와 파란 신호의 경계
찰나의 틈새
삶은 늘 섬광의 반짝임이다

기원

봄꽃 환한 세상
올해는 저리도
꽃이 지천이다

가슴에 서리는 안개
멀리 가까이
그리운 이들의 안부
봄이 왔다고
예서제서 봄바람에 하늘거리는
꽃 그늘 무심도 하지

봄이 이리 무참하랴
코로나 바이러스19
사람 사이 입 닫고 등 돌리고
문 닫고 은신하기

아무렇지도 않은 일상이
터놓고 말 걸어도 좋은 그리운 날
되돌아가고 싶은 나날들

여정

휘청거렸던 길
꽃길이었던 길
눈비 맞던 길

농익은 살구처럼 감미로워
살아갈수록 감미로운 세상
이제는 저녁 안개 감도는 산허리에
시간의 발 디딤이 남기고 간 그늘

한생애의 노을
알록달록 단풍 드는 산길에서
더러는 고운 날도 있음이여

송전 철탑

인생의 한 파노라마
길 위에 꽃처럼 하늘거리는
그리움의 노래
사는 게 애틋하고
서러웁고

간이역에 신호등처럼
선정적으로 역마살을 부추기는
미지의 꿈들은 야생으로 자라
줄곧 가슴에 서려

내 곁을 스치며 사라지는 순간순간의 깃발
감 잡을 수 없는 허기
점멸하는 갈망은 닿을 수 없는 별이었다
화려한 빛들이 부서지는 도심에
발 딛고 서 있는 곳은 늘 변방

직진한 철로에 골바람이 불고
송전 철탑의 울음으로 보채는 허공에
흐느끼는 파장이 서호의 윤슬을 타고

가슴으로 흘러 왔다
어딘가로 길을 떠나야겠다고 서성이며
운무에 아슴푸레 조는 듯 깜빡이는 신호등
아직도 마음결을 따라 한생을 가고 있다
아직도 마음결을 따라 한생을 지배하고 있다

시간은 공정하다

이념이라는 말
공정이라는 말
깃발처럼 나부껴도
시간이라는 정의

울룩불룩 세월은 휘청거려도
시간의 무게로 하여
풍화와 침식으로 자맥질하는 진실들
시간은 선과 겸손을 지닌다

교향곡

속세의 소리 들리지 않는 여름밤의 숲속
별들이 내려와 말 건네려는 듯
숲은 더욱 어둠을 품고
살아 있는 모든 것들이 저마다 소리를 냅니다
계곡 물소리 속삭이는 작은 벌레소리
잎이 뒤채는 소리
온갖 새들의 잠꼬대
시간의 흐름도 소리를 내는 것일까요?

조물주가 창조한 살아 있는 모든 것의 선율
자아낸 신의 소리 교향곡
세상은 멀고 숲은 아늑해
명징한 영혼

창조주 지으신 그 안에
하늘의 별 떨기 바라봅니다

닭달 되었다

닭달 되었다
혼자인 것에

노송가구 깊은 서랍 속 할아버지의 부싯돌
아버지가 만지작거리던 엽전과
니코틴이 잔뜩 끼인 장죽의 쇠붙이 담배통
골패(마작)조각들 녹슨 연장들
달그락 소리에 몰입
외로움 속에 편편히 끼어들어
유년의 서랍 뒤지기는
아버지와 또 조상님의 손길 위에
내 손을 포개 보는 것이었다

서랍 속에는 녹이 슬어 세월의 때가 먼지처럼 묻어나는데
나는 외동이가 되어 부딪히는 쇳소리를 감촉하며
적막한 고요 속에 외로움을 달랬었다.

지금은 은둔의 시대
보이지 않는 적 코로나19들에게 포위되어
감금 되었지만

닭달 되어 아무렇지도 않은 혼자인 내게
깊은 서랍의 환청이 들리는 고요
시간은 흐르고 있는 것인가
멈추고 있는 것인가

사람은

살아 있는 모든 것들의 으뜸
사람이라 할 때에
부끄러움을 느끼는 일

진실을 위장하여
가시 같은 찔림이 없어
수치를 모른다면
사람으로 부끄러운 일

문신

바람에 묻어온 촉수가
무수히 난타하여
심장에 화상을 입었다
해명은 굳이 드러낼 것이 아니므로
세월을 타고 흐르는 바람결에 실려 보낼까
잔상을 지우는 건 세월뿐
풍화 침식은 마음속에만 있어
광야에서 고스란히 우박을 맞는다

그리움을 노래로 엮을 수 있는 시詩
마음 깊은 초막에 깃들여
시를 잉태하면 그뿐

부드러운 산등성이 위에 지는 수밀도 빛 노을에
곰삭아 숙성된
비단 손수건 네 귀를 맞추어 접으리라

전쟁 그 후

물망초 배지를 받았다
Forget-me-not, Forget-me-not

그럴 리가 있나요
그러고 싶어도 그럴 수가 없으니
죽어지면 잊혀지겠지요

어느 곳에 묻혔는지 알 수 없지만
가슴속에 살아
가슴속에 묻혀
죽어지면 잊혀지겠지요

나 이제 백발성성해도
여전히 20대의 아버지
절망과 희망 사이 오갔던 세월
이제 다 내려놓고
마음 깊은 곳에 묻겠습니다

그림자

내 등 뒤에서 나를 앞세우고
내 앞에서 나를 이끌고
구름이 가득하다가
볕들면
어느새 숨었다가
앞서거니 뒤서거니
때로는 옆지기로

그러나 슬픔과 미움 원망들은
이 친구에게 연기처럼 풀어 놓고
눈물도 고독으로 하여 기대게 하는
침묵의 그대여

행복했던 기쁨 환희들은
심중에 점화되어
등불 훤하게 밝히네

종착역까지 다 떠나가도 충신같이 지켜줄 그대여
나도 그대처럼 정도正道만을 걷기로 이끌림 받고 싶네

제2부

바람이 불면

오래된 시집

내 파릇한 시절의 시집들은
세상이 아름다워
보이는 사연들이 자연히
눈물겨움과 애틋한 사랑이
사람 사이에 있어
바깥세상을 내다보는 눈뜸도
걸음마를 배우듯 보폭을 늘려가
고운 이들의 담긴 마음들
책들 사이 꼬옥 끼어 책꽂이에 간직

한 평생 내 곁을 지켜 오랜만에
이젠 버리고 가야 할 때를 향해
오래된 책을 추리노라니
간직했던 아름다움의 한 생애도 변질되어 가 버리듯
낡아 바스라질 것 같은 누런 종이의 군내도 나는 것

긴 세월의 여정이 스며든 나에게도
오래된 책에도 어김없이 구구단처럼 진실하네

어둠이 없는 북극의 밤

어둠이 없는 밤이라고
상점들은 철시하고
모두가 잠든 훤한 밤에
이국의 거리에서 나그네는
일상이었던 곳을 벗어나
호젓이 북극의 여명을 헤맵니다

순결한 만년설의 바람과
빙하의 자욱한 물안개와 물소리

밀도 높은 사람 사이 일어나는
세속의 분진들 씻기는
태고의 숨소리
내 안에 잦아들어
빙하의 물결처럼 흐르고 싶습니다

엄마

금가루 같은 햇빛 입자
얼어붙은 대기에도
축복처럼 내리는
서호 철로

엄마 두루마기 주머니엔
엄마 손 안에 든 조그만 내 손
따뜻한 온기
한평생 가슴속에
화롯불의 불돌처럼 서려 있어

자식 걱정하는 어미가 되고서야
엄마 마음 알겠네
나이가 들고서야
엄마 마음
새록새록 사무치네

망초꽃이 흔들리는 이유

차를 타고 가다가
가끔 횡단하는 고양이를 볼 때면
문명의 도시에서 삶을 익힌 고양이가 기특하여
차 안에서 휴우 안심의 소리가 절로 나온다

그러나 어린 고양이는
미처 살아가는 방법을 터득하지 못했을까
햇빛 낭자한 비탈에
어린 고양이는 피골만 남은 채
흙이 그를 받아 들였다
교통사고로 누군가가
길옆 비탈에 뉘었을 것이고
지나는 바람결에
다년생 흰 망초꽃이 애도하는 듯
가늘게 떨고 있다

목련꽃 지다

순백의 꽃잎 지고 난 뜰
꽃잎은 상처로 멍이 든 듯
목련꽃은 베어 나온 핏빛 얼룩

거름으로 썩혀 보리라
자루에 긁어 담아
썩어서 가벼워지기를 기다리다 보니
흥건하게 시멘트 바닥에 붉은 핏물이 고인다

어떤 잡티도 허용 않던 흰 꽃잎에는
붉은 농즙을 감쪽같이 간직했던 것일까

순결한 잎맥 속에 뜨거운
흰 목련의 한생애
무성한 봄의 화신 지고 나니
툭툭 새잎을 틔우는 목련 한 그루
봄이 이울어 가고 있다

빙하 마을에

만년설의 빙하
쉬임 없는 열정으로
속정을 풀어내는 폭포

그 정결함으로 대지를 굽이쳐 흘러
물굽이 물보라
작은 오두막에
살구빛 전등 밝히는 창가
선한 꽃빛 작은 화분들

선달 열흘
그 물가 풀꽃처럼 살고 싶다
물도 바람도 공기도 원시적인 곳
영혼이 원시로 돌아가 흠 없이
맑아진 나를 마주 보고 싶다

정상에 부는 바람

능선의 정상에 있을수록
나무들의 우듬지가
심히 바람을 타 흔들리는데

골격이 휘어진 소나무는
그런대로 한세상
흐르면 흐르는 대로
늘 푸르기만 하는 구나

북극의 나라

그곳은
공기
바람
물
달고 맛있었다

향기에 숨 막혀

수수한 꽃
짙은 향으로 꽃잎 여는
조촐한 꽃처럼
오월의 길 위에
삶의 향기 지닌
은수자 같은 이팝꽃

자태로 뽐내지 않은
살포시 내려앉는
꽃자리의 겸손함

상처

풀잎에 베어
책갈피 종이에 베어 바람의 날刀에 베어
상처는 여린 무 싹의 아픔이다

도드라진 상처 위에
쓰리고 아픈 혈관이 툭툭 터진 날들은
햇살이 가물거리고

첩첩한 산그늘 비껴 앉아
엷은 달빛으로
아득한 길에 어리어
스미는 손님

아무렴
봄 햇살에
물오른 풋것들이 여물어
진초록 세상도 오고 있음이여

바람이 불면

세상 속에 바람이 불면
폭풍의 언덕 황무지와
히스클리프 사랑이 떠오르지

오늘밤도
바람이 창을 흔들며
말을 걸어오네
아득한 나라의 오래된 소설 속 사랑 얘기가
가슴 저미는 건
멀고 먼 해협과
대륙을 넘어와 바람에 묻어온
히스클리프의 영혼이 떠돌고 있음인가

밤

시간이 스치는 고요한 밤에
별들이 몰려 나와 빛을 발할 때
심장에 가득 등불을 밝혀
너에게로 간다

하루분의 일상, 긴장을 풀고
달디 단 숙면의 너를 향한 기도

사랑의 등불을 켜면
따뜻함 서리는 마음
네가 삶의 이유다

동백꽃

붉디붉은
겨울꽃 동백
엄동에도 보드레한 꽃잎 고와

산에 산에
회색빛 겨울나무

너 홀로
붉은 꽃무리에
그리운 갈망의 꽃자리
비탈진 오솔길에 질펀한 꽃잎들
유년의 꽃산에서
황혼기에 산촌으로 가자더니
꽃은 붉어 만개한데
친구여
어디에 있는가

건망증

꽃 같은 시절이 있었던가
세월이 주는 가장 적절한 건망증

그래야 손 놓고 가벼이 길 떠나지
새록새록 또렷또렷 그 기억들
지울 수 있는 건 지우개도 아니고
마음도 어쩌지 못해

신이 내려 주신 건망증
그래야 혈혈단신
저승보다 이승이 좋다고
애착으로 손 못 놓고 가는 이보다
담담히 받아들여 가는 길

건망증은 나이에 걸맞은
신의 선물

생태계

세상을 살려면 줄을 잘 잡아야 해
돈줄
출세줄
명예줄
인생 환락의 줄

어리버리 했다간
줄잡는 거 구경만 하다 가지

영악하여 요리조리 줄잡는 이들
요모조모 이악스레 계산 빨라
줄잡고 줄타기 하는 세상
오늘은 양지쪽이었다가
내일은 건너편이 양지쪽

해드는 쪽을 따라
해바라기는 빙글빙글

아닌 척

꽃봉오리 부푸는 가슴속에
세상이 달다가도
통학열차를 타고 건너던 한강 철교
한강 판자촌의 마을이
강물 속에 출렁이며 가라앉아 흔들리는 등불
백열등 은은히 꽃같이 별같이 사무쳤다

호롱불 아래
청동화로에서 보글보글
끓고 있는 알뚝배기된장
한숨과 눈물을 감추고
아닌 척
그리움이 아닌 척
할아버지 할머니는
아버지 엄니의 빈자리가
아닌 척

한강변의 따뜻하리라는 온 식솔들이 모여 사는
그 동네가 뚝배기의 더운 김에 서려
강물 속에 출렁이던 살구색 등불이 어려

아닌 척
아무것도 아닌 척

밤풍경 속에 창문에 어리는 불빛은
여전히 사무치고 허당인 가슴속

제3부

종이꽃

탁류

흰 게 검다 하고
검은 게 희다하니
탁류가 휩쓰는 세상도 있어
구별이 어렵도다

가슴에 맑은 못 들여
맑은 샘으로 가득 채워
탁류가 소용돌이쳐도
마음의 눈을 뜨고
분별력의 혜안을 가져야 하는 세상

귀향

미나리아재비 노랑꽃 맑게 흔들리는
논가는 어디쯤인가

해 바른 풀숲엔 봄꽃 하늘거리는
가녀린 꽃대 세우고
가슴을 간질이던 작은 꽃잎들

도랑물엔 버들치 꽃붕어
소금쟁이 물방게
걸음을 멈추게 하던 고향은
흔적 없이 사라져
어림잡아도 감 잡을 수 없어
내 살던 고향집
헛딛는 가슴에 바람이 차오른다

파도

잔잔하기 그지없던 바다는
밤새 덧났다
하기사 파도는 예고 없이
몸체를 일으키지

바다의 신 포세이돈의 노여움은
은발을 풀어헤치며 방파제를 맹공

파도는 전신으로 포효하며 몸부림
방파제도 한 몸으로
부둥켜안으며 으르렁거려
앓는 소리를 낸다

나그네도 덩달아 한 몸인 듯
바람마저 해변의 골목을 휘돌아
선잠으로 뒤채는 밤
말레꼰(쿠바의 바다)의 밤이 길다

수다가 그립다

수평선 넘어
너머에는
닿지 못하는 그리움이 있다

뭍에는 정겨운 인정의 꽃 피고 지는 대지
꿈처럼 아득한 모국어가 수런거리는 곳

햇빛 순한 내 나라에 태어나서
멀리 떠나와
이국 땅의 아름다운 해변에서

수평선 아득히 모국이 그리워
순박한 모음 자음이 어우러져
꽃처럼 튀밥처럼 골목마다 피어나는
수다가 범람하는 우리네 세상

이 아름다운 해변에서
파란 수평선 넘어
조신한 그 나라가 그립다

봄이 오고 있다

얼음 풀린 냇가의 물소리
색동 날개 펼치며 봄새들 지저귀며
산에는 생강나무에 파스텔톤 연 노랑꽃
맑은 대기의 바람에 묻어오는 향기

봄이 운을 떼고 오려 하자
경황없이 번지는 보이지도 않는 미생물
티끌보다 못한, 눈으로도 볼 수 없는 버러지가 대적한다
생동하는 봄의 기운에 움츠러드는
적의 소멸을 간절히 바라는 마음
어둠의 입자들은 소생하는 봄의 작렬한 태양 아래 압사하라

꽃향기 날리는 봄이 오고 있다
아픈 이들의 손을 잡아 일으키는 치유의 봄이여
꽃떨기 지천인 이 땅 위에
어둠의 그림자까지
뭉뚱그려 사라지는 희망의 봄을 소망한다

약속

바삭바삭 부서질 것 같은 갱지의 편지지
오랜 세월 꿈이 새긴 은사님의 글월

보물처럼 가슴에 묻고
평생 꺼내어 보고 쓰다듬던 꿈의 사리

이제 덜 익은 꿈의 열매들만 부끄러울 따름
밤마다 고전 소설을 읽어 주시던 할머니께 약속의 꿈
아직도 농익은 한 편의 글을 위해
미로를 헤매는 날들
중독자의 삶을 살아가는 비생산자

흰 매화

잔설이 희끗한데
내리는 일몰
수절 여인 매무새

차가운 밤
깊어갈수록
흰 매화 향기
그윽하다

화신花信

동토의 땅에
바람에 묻어온 봄바람이
살랑이며 어루만지더니

날마다 달마다
화-안한 갈망의 꿈
가슴에 괴고

그리웠노라
지나간 봄들보다
키 움쑥 자란 꽃소식
올봄엔 더더욱 화들짝 놀랄 만큼
분홍빛 꽃너울을 기다리노라

고운 봄날

어떻게 그 딱딱한
나무결을 뚫고
연한 새움 세상으로 나왔을까

봄마다
산고의 진통 없이
숨죽이고
살며시 꽃을 피웠을까

살아 있는 모든 숨결에
깃든 잉태의 모성
도처에 생명의 봄
활력의 봄에 범람한 새 생명
고운 봄날

친구야

속을 트고 말을 트고
흉허물도 트고 경계가 없던 우리

길이 막혀
바이러스가 길을 막아
병고에 어떤 위로의 말도
제대로 전할 수 없는 병상의 외로움
말이 막힌 내 외로움
동절기에 옷깃을 여미며
한기寒氣에 새처럼 가슴에 얼굴을 묻는다

가벼운 일상인 줄 알았다
나만의 공간이어서 좋다고
시낭송 후에 모여 함께 밤을 지낸 것이
이런 기회가 무진장일 거란 짐작에
그 밤 그 아침 너무 소홀했다
맛난 것도 해먹이지 못한 거

이제 우린 예측할 수 없는 세월을 살고 있다
그것을 알아채지 못했다

다시 만나 옛이야기에
맛난 것도 함께 하며 완치의 축하 와인을 마실까
밤새우며 정담을 나누는 날 기다리자
일어나자 기운 차리자

멀리 있어도 지척에 있는 듯
인생의 애환 나누며 살아온 친구여
저무는 이 밤 새해 소망이니
완치하여 함께 모여 살자

숲에서

강열한 햇살 한결 유순해져
세월의 흔적들 고스란히 품어
겹겹의 꽃잎 밀어내도
숱한 이별도 있음이여

단단한 근골의 완강함
숲의 그늘엔 시간의 적막으로
서성이는 선율의 속삭임

낯설은 이방인은
심연의 깊이에서 침묵이 달다

소리

간 밤 창가에 뒤채던 바람
고독한 이의 가슴에 저미는 창의 울음

선잠 깬 가을의 새벽
단풍든 숲속 잎들의 소요

허공 중에 난무하는 잎잎의 소리
지표를 뒤덮고 구르며 흩어지는 가벼움
버리고 떠나는 총총한 가을 소리

이윽고 아침 햇살에 여과된 투명한 이슬
세월이 흐를수록 저 고운 낙엽 빛깔은
맑고 따뜻해

가을 숲속의 스산함
영혼을 맑히는 소리!

이별

해거름의 초저녁
슬픔은 때때로
감미로운 추억

멀리 있어 그대
늘 이별

석양에 지는 해거름
이별이란 명사
맑은 물에 띄어야 하리

노을빛 곱다 하고
반복하는
그 말

종이꽃

가을 하늘을 닮은 순하고 선한 꽃
요염하지도 않고 그저 수수한 꽃
우리의 유년기도 그랬을까
잡티 하나 없는 하늘빛 마음이었을까

이해타산과 갈등이 빚는
미움의 얼룩이 상처가 되어

삶이 엇나가 슬픔이 고일 때도
종이꽃에 베인 하늘빛 마음이었으면

영혼의 무량함이
초연함이
종이를 닮아 바삭거릴 것 같은
긴 꽃 이름을 몰라 그냥 명명한 종이꽃
내 사랑은 순결한 가을 하늘빛 조촐한 종이꽃

윤회

끝없이 이어지는 구릉의 황무지
터키의 처녀지 같은 그 곳엔
신의 솜씨처럼 꽃자리가 펼쳐져

한파 몰아치면
대지의 품에 깊이 안겼다가
훈풍에 살포시 몸을 밀어 올려
유려한 고운 빛으로 삶의 절정을 봉헌하는 길
황무지 군데군데 지나다 만나는 꽃자리가 요요해
윤회가 있다면 황량한 들판을 메운 꽃들로 피어나
나그네 마음에 화려한 꽃무늬를 그려 주고 싶다

정情

만져지지도 않는 것이
보이지도 않는 것이
질기긴 왜 그렇게 질긴지

하기야 하루아침에 만들어진 것이 아니라
마음속에서 오랜 시간 숙성되어

잊는 것도 꽤 오래
두고두고 흔적이 남겠지
이별이라 해도 머나먼 공간
일상이 평안하리라는 가끔은
안부가 그리워지는 스쳐 지난 인연들이여

서운했던 고마웠던 행복했던 정이란 그림자
지나고 나니 내 마음에 엷은 파스텔 톤으로
색상 좋은 무늬의 추상화가 자리 잡았네

제 4 부

들꽃

서설瑞雪

겨우내 못 보던 함박눈
봄이 열리는 첫 어귀에
서설처럼 흰 매화 만개하여
허공에서 운무를 펼치다가 안착
스르르 녹아 스미다

순결한 하얀 색의 꽃송이 엽신들
차오르는 환희에 밀려
깊이 자리한 어둠의 이별이 반갑다

한 겹의 빗장이 열리는 소식에
계절처럼 돌아온 그 자리

가벼이
허공이 내 영토

박제된 허물을 마침내 깨치고
새가 되어 날으리

할아버지

철없이 말망아지처럼 나대는 내 어렸을 적
날 처연하게 쳐다보며
아버지 생각에 가슴 미어졌을까

속으로 하염없이 눈물을 흘렸을까
전쟁으로 아버지의 빈자리 속으로 삼키며
할아버지도
선머슴처럼 놀이에 빠진 나의 어디에서 아버지를 보고
아버지의 모습을 그리며
속으로 속으로 내색도 못하고
철철이 눈물을 흘렸을까

살아갈수록
사무치는 그리운 아버지

삶

정형의 틀에 맞춰지지 않는 삶 때문에
고단 할지라도
그대여 조바심하지 않아도
삶은 살아 있는 생명체이거늘
혹여 엇나간다고 상심 마시게

목표 설정만을 향하다 보면
여전히 계절은 꽃 피고 여린 새움 돋아
새로운 길섶

그대여
바람 부는 날에 꽃잎 휘날려도
그 비슷이
살아가는 날이 형식대로 맞춰지는 날
그런 날도 있음이니

일탈

가을 풍광이 설핏한 초원
응집된 생활의 잔흔들이 슬슬 풀려나는
자기부상 열차를 시승
블랙홀처럼 이대로 빨려나가도 좋은 자유스러움

생활의 둥지를 벗어난 일탈
고치를 뚫고 마침내 벗어났다
을왕리 밤바다는 저물어 가고
슬몃슬몃 그리운 식솔들의 목소리

자기부상 열차처럼 둥지의 범위를 벗어날 수 없어
되돌아가는 열차를 타고
하루쯤의 가출에서
집이라는 블랙홀로 귀환 중

들꽃

밟힌다고 주저앉지 않아
비바람 눈보라가
생의 자양분을 실어 주지
뿌리를 실하게 뻗어
떨치고 일어나라고
금실 같은 햇빛이 다독여 주지

아파도 울지 않는 것은
일으켜 세우는 사랑 때문이지

봄 뜨락

살구꽃잎
스르르 지는 한나절

잠시 머무는 봄바람
흔적 없는 자취 고요의 뜨락

꽃 지자 홀연 흔적 거두고
다시 온다던 약조 한 마디쯤
그러나 아니 올 줄 족함이여
날마다 저며 애린
가슴만 깊어 갈 뿐

영양제

살아갈수록
내 안에서는
영그는 진주가 있었는지

아련한 어린 날들
가족에게 내가 제일이었던
자양분을 취하면서 사는 일

철쭉 불타는 산새에
꽃관을 쓰고 산 노루였던 시절
가슴에 진주를 품고
추억의 결정체를 매만지며
저물어 가면서 새김질하며 사는 일

어미가 되어
디딤돌 아슬하게 디디며
강을 건너온 삶의 열정은 사랑이었다

둥지

등잔불 은은히
문살 사이 번지는 빛

곰삭은 잿빛 초가
집 떠난 지 오래지 않았지만
휘어진 길을 따라 지붕 한 끝 보여
반가움에 뭉클 눈물났지요

텃구렁이 참새 쥐떼 굼벵이
백제시대부터 함께 살아온 토담집

아늑한 토담집엔
쟁쟁히 들리는 정담들

이젠 아파트의 풍요가 깃든 마을
흔적없이 사라진 옛집
덩그러니 꿈결에만 되살아나
아련합니다

하늘 보고

하늘 보고 사네
구름 보고 살아가네

오래 보았어도
새록새록 보이는 그대
들려오는 그대 음성
나도 눈물을 흘려 본 적 있다고

바람에 실려
내게로 오는 이여

하늘과 구름 사이
하얗게 핀 백합꽃으로
허공중에 가득히

슬픔도 있으면 기쁨도 있음이라고
그대 가슴에 얼굴을 묻네

우리의 추수감사절

가을걷이 끝나면
고사떡 떡시루 익어가는 마을

태백산 호랑이도
산신제 늦어지면 가축도 물어다 죽이고
파출소 유리창에 돌을 던진다는 산촌

옥양목 희다 못해 파르스름한
두루마기 품에 젓대(대금)를 품고
대관령을 넘으셨다

산신제에 삼현 육각으로
하늘 드높이 산골짜기 골골마다 풍악을 울려
하늘신 지신 산신께 햇곡과 과일로 제례상을 올리는
무탈한 한해
돌아올 한해에도 무탈하기를 기원

바닷물 뚝뚝 떨구다 얼은 생태 강원도 특산품
포장도 없는 꾸러미를 두루마기 옆주머니에 품고
태산준령 고개를 넘으셨던 할아버지

장갑도 없이 맨손으로 구릿빛 주름 가득한 그 손
감싸 잡아드리지 못함을
살아갈수록 가슴 저미는 일들만 생생하다

잠수

어진 눈으로 노동에 순종하며
하루하루를 보내는 선한 황소
반려견을 학대하며 유기하는 일들
생명이 있는 모든 것들은 마음이 있는데
손바닥 안에서 몸부림치는 물고기들
그들의 고통을 즐기며 박장대소
힘없는 애기들을 학대
천진한 어린이들이 대항 한 번 못하고 죽음을 맞는 일
나는 이럴 때 눈 꼭 감고 귀 막고 잠수 하고 싶다

살아가는 게 죄라고 가슴을 친다
고기를 먹고 생선을 먹고
생명의 괴로움을 먹고
생을 잇는다는 것이 곰곰 생각하면
살아 있는 모든 것들에 해를 입힌다는 일
보이지 말아야 할 것을 보며
보고 싶지 않은 것을 보아야 하는 일은
마음에 먹장구름 몰려들어
구름의 그늘이 추운 까닭이다

지구별의 상처

지구별 어디쯤 상처 덧날 줄 알았네
이 몸 흙에서 와서 일까
내내 기진해
뼈마디 아프고 살이 아프고
어딘가 지진 나려나
화산 터지려나 독백한다

그럴 적마다 지구별은 덧나
심장이 폭발해
선혈인 용암이 넘쳐나
내 있는 곳 반대편에서도 변고 나려면
곤곤함과 질긴 듯한 피로감
흙에서 온 내 육신 감지하는 걸 느끼면
아무래도 지기地氣가 흐르는지
흙과 나는 한 몸인 것인가

자양분

새록새록
풀잎처럼 돋아나

그대 자취
안개꽃 몽롱한 자태
아프지만

꽃길을 가고 있어
은은한 향기
추억이라는 꽃향기의 길을 따라

종착역

종착역에 닿아 보는 것은 꿈이었다

사람들은 저마다 기차를 타고 남북으로 흘러갔다
밤이면 은은한 불빛 흐르는 객차 안의 사람들
기적을 울리며 다가오다 멀어지는 여수旅愁
그 끝점은 어디일까
평행으로 향하는 미래의 풍경은 늘 그리움이었다
햇빛에 반사되는 차가운 철로
알 수 없는 미지의 끝을 향해 어른이 되고
수십 년의 그리움을 만나러 풍경에 닿았다

거기 아득한 그리움이 있다는 것은 꿈이었다
끝은 늘 합일일 수가 없다는 것
철로는 단순하게 무표정하게 단호했다

혼자 와서 혼자 가는 길을
절실히 깨닫는 것은 종착역에서야
비로소 긍정하는 일임을

바람도 자고 있는데

흔들리는 나뭇잎
이 가지 저 가지 사이로
어미새와 아기새 희희낙락

발 딛고 포르르 날 때마다 파문이 일어
흔들리는 나뭇잎

그대 그림자
마음에 어릴 때마다
멀리 드넓은 대양 건너
낮과 밤이 반대인 침상
수호천사가 함께 하기를

어미새와 아기새가 지저귀듯
우리 모녀 그런 날도 있어
바람도 자고 있는데
내 품에
웃음소리 울음소리 번지는 밤

낙엽이 질 테면

자스민 향기와
장미, 솔향기와 커피 향기
가장 좋은 베인 풀밭의 향기
풋내가 그리도 좋은 것은 싱싱한 순박함

가을 낙엽의 향기엔
그리운 어머니의 젖가슴 내음
발에 밟힌 낙엽소리 한생애가 달관의 소리
지는 건 낙엽뿐인가

다홍이던가
진노랑이던가
질 테면 이왕이면
흠 없이 고운 빛으로 저물기를
너그러운 어머니의 품속 같은 향기이기를
불붙는 노을 가을을 간다

제 5 부

우아함을 위하여

씨앗

내 안에는 긴 기다림이 있습니다
화려했던 생애 고이 접어
아주 작은 씨앗으로 박제되어
생명을 잉태 출산을 기다리는 어둠의 시간
멀고 긴 터널을 지나며
어머니의 태 안에서 성장 발육
고운 꽃잎과 연두의 새움의 노란 꽃술까지
감쪽같이
입덧도 삼키면서
화사한 빛 속에 조금씩 적응을 꿈꾸며
마침내는 축복처럼
함박웃음을 터뜨리며 봄을 맞습니다

아무래도
은총의 봄은 작렬한 부활의 세상입니다

짝퉁

아침마다 빈약한 뒤뜰에 윙윙대는 날갯짓 소리
고상한 색깔만 찾다가
어느 날부터인가 화려한 원색이 좋아
꽃무늬 노오란 원피스 입고
붉은 고추 딴다고 나서니
움직이는 꽃밭으로 보이나 보다
말벌은 내 옷에 앞뒤로 위 아래로 기어 다니며 탐색한다
경직되어 말벌이 떠나기를 바라며 호흡이 멎을 것 같다
꿀만 먹어도 알레르기 약을 먹어야 하는데
말벌에 쏘이면 죽을 것 같아 벌에 쏘여 죽고 싶지 않아
말벌의 검증이 끝나기를 바라는 순간은
긴 시간의 공포다

드디어 가짜란 걸 알았는지
온몸을 훑어내리던 벌이 윙 소리로 날아갔다
꽃이래야 호박꽃 고추꽃 더덕꽃 붉은 팬지꽃
말벌은 아침마다 윙윙대고 가물어 물을 주는
나를 알은체도 하지 않는다
철저하게 짝퉁을 알아챈 말벌이 신통하다

태백·백두대간

— 고냉지 배추밭

협곡마다 산자락에 마을을 품어 안고
산허리를 감싸는 구름
정수리까지 기꺼이 품을 내주는 순종이 눈물겹다
사태 질까 맨살에 돌까지 듬성듬성

오월의 끝 아카시아 꽃 지천인 꽃향기
연두를 여물리며 늠름한 태백
바람의 언덕 땡볕에서 황토밭 고랑에
이어가는 농부들의 삶의 노고

산은 꽃자리 펼치며 높고 맑은 만큼
그의 품은 넉넉하니 골골마다 젖줄인
풍만한 가슴의 샘 터뜨리며 반짝이는
햇빛 눈부신 여울
맑은 정기 마음 담아
태백 백두대간에 안기다

풍장

살과 뼈 재가 되어 바람 타고 후루루
숲에 스미어 산꽃이 피었네

눈부신 빛살 솔잎마다
청청히 물오른 송화
할아버지
엄니의 그리움 넋으로
산꽃이 피었네

인간사 흔적 없이 세월은 가도
울울창창하게 살 올린 나무들
비밀처럼 세상사 속 깊이 보듬고
그늘도 짙어

참나리 구절초 산도라지꽃
향 짙은 꽃그늘이 무심도 한데
산 아래 옛 지인들 다 흩어지고
산새들은 낯선 사람 반기는가
맑은 산울림 되어 가슴에 서려드네

사리

눈물과 슬픔은 오래 되면
영혼의 사리처럼
영롱히 되살아나지

보석처럼 추억이 되어
빛을 발하지
가는 길도 밝혀 주는 힘이 된다지

앞서 줄달음치는

바람도 서늘한 가을 길
여울물 따라 걸으니
맑은 물소리 가슴으로 흐르는데

애련한 가을 풀꽃 청순한 미소
초록이 이운 풀잎들 일제히
바람에 쓰러지다 일어서고

따라잡을 수 없는 문명의 이기들이
성큼성큼 앞서 가 따돌림하는 세상
앞서 가라지
괜찮아, 괜찮아 내가 나에게 말을 걸고

모든 것은 바람 따라 물결 따라 흘러가는데
무심히 오늘과 내일을 이으며 앞서 가라지

따라잡을 수 없는 새로움
온라인 세계
문명의 이기 잘도 돌아간다

우아함을 위하여

우아하지 않으나
우아함을 위하여

우아함은 때로는 허세가 있다
그보다 더 절실함은 진실이다
연민이다
낮아진 바닥에서
때로는 진부해도 생명과의 교감
소통이다
생존의 연민이다
서로가 바라봄이다

자연 발생적인 우아함을 위하여

허세가 없는 우아함을 위하여
기교 없는 우아함을 위하여

모성

실습 차 요양원에 갔는데
여자는 질금질금 울었다
온다던 아들이 오지 않는 게 요양원 탓인 양
직원들 몰래 눈치 보며 귀띔
그 눈물이 내게 닥친 일이 아니니
내 감정은 겉돌았다

모두 그럴 것이었다
보이는 것과
내 앞에 닥친 일이 다르다는 것을
그 원초적인 모성의 눈물을 겪어보지 않은 이들은
언제나 겉돈다는 것을

우리 쌘디 애견이 여섯 자식을 낳다가 한 마리 사산
없어진 애기를 찾아 베란다로
이 방 저 방 헤매면서 눈이 충혈 되어
며칠을 두리번거려 고물거리는 다섯 딸이 있는데도 헤매던 것
딸 육 형제를 낳느라고 산고는 또 얼마나 심했을지
지친 몸으로 한동안 맘을 잡지 못해 안절부절
하물며 동물도 그러한 것을

우리 쌘디 애견도 숫자를 헤아린다는 것
행동으로 알려 주었다

이별·1

원탁 위의 식사
친구 손위 올케 사이에 앉아 냉랭함이 거북하다

냉기의 기류에 너스레 푼수
오랜만에 만나 즐거워야 할 자리가 침묵으로 일관해
나라도 부끄러운 줄 모르고 푼수를 떤다

돈 많은 사람들은
마냥 세상이 즐거울 것 같은데 찬바람이 분다
하기야 이별의 절제 때문이란 것을 알아차렸지만
푼수 바람에 대화가 트이나 했더니
오고가는 말 속에
부당한 스트레스 받고 친구 드디어 폭발한다

역시 딸은 부모 생각하는 게 며느리랑 다르다는 것을
친구를 통해 절실하게 느낀다

친구의 셋째 올케 애교쟁이가
'전 4년을 울고 지냈어요, 시간이 약이지요'
조그만 그녀가 날 포옹하며 하는 말

시간은 이별도 가져 오고
이별의 아픔도 치유 하는 것
이별을 위해 버려야 할 살림들을 살핀다

나무의 기품

나무는 세월을 품을수록 유려해
품을 넓혀 바람과 햇빛과 코러스

인생은 세월을 품을수록 왜소해
그늘을 넓힌 나무는
생명을 보듬어
홀로 청청하지 않아
살아갈수록 기품 있는 나무여

살아질수록 작아지는 인생이여
그의 그늘에서 허약한 묵언 수행 중

오래 살아도 치매 없는 나무여
더욱 푸르고 성성한 나무여

솔숲엔 눈밭이

눈가루가
원색의 보석에서 뿜는 오색 빛을 쏘는
눈 쌓인 다박솔밭

빛 부신 찬란한 산속
매운바람에 홀로 아득하여

새의 족적마저 없는 태고의 고요
눈밭엔 바람이 스친 무늬

오직 나의 두 발자욱
적요의 침묵

원시적 빛의 향연에 황홀해
오도가도 못 하고 갇혀 있네

지는 꽃

지는 꽃이 아름다울 수 없고
인생의 내리막길
저가는 인생이 지는 꽃과 다름없으니
꽃은 지면서 기다림이 있지만
되돌릴 수 없는 인생은 이승에서
자취 없이 사라지느니

비 오네

비 오네
비에 갇혀
고요한 마음

빗줄기
촉촉이
마음 타고
아팠던 마음도
다독여 주고

비 오네

살아내기

굴종이
때로는 달달한 때도 있지만

강제성인 굴종은
부끄러움의 극치

때로는 인화 물질과 동격이다

냄새

밥 묵자 딸아
냄새야
바다 냄새야
식탁 위에 갈치는 바다 냄새를 풍기네

사람 냄새
훈훈하고
따뜻한 인정의 냄새 풍기는
세상 냄새는 그럴 테지

투영

어른거리는 그림자
설핏

명경 같은 호수에 투영
잔물결 위에 살랑거림

헹구다

숙성하여
이제는 삭혀내어

녹여 내자
가을 하늘 맑음 같이

인연의 고리
그리움들

비우고 헹구어
발 딛는 걸음 가벼웁게

해설

| 해설 |

물의 발원지, 그 그리움의 초상과 정신세계

— 조정자 시집 《물의 발원지를 향하여》 —

허형만

(시인·목포대 명예교수)

조정자 시인의 네 번째 시집《물의 발원지를 향하여》는 시인의 말에서처럼 비록 늦게 등단한 노년일지라도 시를 씀으로써 문학과 자신을 사랑하는 삶과 꿈의 노래이다. 오로지 시 하나만을 위해 몰입하는 삶은 시인 스스로 "중독자의 삶"(〈약속〉)이라고 고백한다. 시인은 한강의 발원지를 찾아가 "맑은 윗물 손바닥 오므려 물을 담아/ 내장까지 씻겨 나기를 바라며 물을 마시고"(〈한강의 발원지〉), 태백 백두대간에 안기어 맑은 정기를 마음에 담는다. 시인은 말한다. 물의 발원지를 찾는 이유는 어미의 사랑이 그립듯이 여정은 늘 그리움이기 때문이라고. 다시 말해 한생애를 살아오면서 깨달은 것은 한마디로 '그리움'이라는 거다.

그 그리움은 곧 유년의 추억과 삶의 성찰과 봄날과 같은 시적 사유로 존재의 근원을 노래한다.

오래된 시집 갈피에는
풀꽃이 잠을 잔다
연한 잎맥이 뼈의 형태로
풀잎도 잠들었다

온갖 꽃잎들이
살포시 잠이 들어 혼곤하다
꽃 색은 잠자면서 바래어

내 그리움의 색깔도
이리 바래었으면

마음결에 새겨진 그리움들은
애틋한 유년의 추억들이 숙성되어
홀연히
선연鮮然함에
생명의 꽃들로 피어난다

—〈꽃잎들이 잠들어〉 전문

예쁜 낙엽이나 풀꽃들을 책갈피에 넣어 다니던 추억이 새롭다. 꽃 색이 책갈피 속에서 바래어가는 동안 시인의 애틋한 유년의 추억도 따라서 바래어감을 "그리움의 색깔"로 치환하는 이미지의 변환이 감동적이다. 이 그리움의 색깔은 다시 유년의 애틋한 추억으로 자리함으로써 얀 무카로브스키가 말한, 문학의 기본적인 특질 중 하나로 시적 창조가 유년기의 체험과 연관되어 있다는 견해를 뒷받침하고 있다. "가을 하늘색을 닮은 순하고 선한 꽃/ 요염하지도 않고 그저 순수한 꽃/ 우리의 유년기도 그랬을까"(〈종이꽃〉)라고 떠올려보는 유년기의 추억은 지금은 어미가 되어 더욱 새롭다. 다음 작품을 보자.

> 살아갈수록
> 내 안에서는
> 영그는 진주가 있었는지
>
> 아련한 어린 날들
> 가족에게 내가 제일이었던 시절의
> 자양분을 취하면서 사는 일
>
> 철쭉 불타는 산세에
> 꽃가루 쓰고 산노루였던 시절
> 가슴에 진주를 품고 추억의 결정체를 매만지며
> 저물어가면서 삭임질하며 사는 일
>
> 어미가 되어
> 디딤돌 아슬하게 디디며
> 강을 건너온 삶의 열정은 사랑이었다
>
> —〈영양제〉 전문

아련한 어린 날들, 그 유년 시절은 "가족에게 내가 제일이었던 시절"이다. 이때는 가족의 사랑과 정성으로 "자양분을 취하면서" 살았던 날로 "가슴에 진주를 품고" 살았던 시절임을 회고한다. 시인에게 이 시절은 "철없이 망망아지처럼 나대는 어렸을 적"(〈할아버지〉)으로 전쟁으로 돌아가신 아버지 대신에 어린 손녀에게 사랑을 쏟아주신 할아버지를 통해 아버지에 대한 사무치는 그리움을 "추억이라는 꽃향기의 길을 따라"(〈자양분〉) "가슴에 진주를 품고 추억의 결정체를 매만지며" 오늘에까지 이어 오고 있음을 고백한다. 진주는 상처의 결정체이다. 오늘날까지 살아오면서 그 상처는 "어미가 되어/ 디딤돌 아슬하게 디디며/강을 건너온 삶"의 열정이 사랑이었기에 가능한 것이었다는 이 절절한 심정에 우리는 가슴이 먹먹해짐을 느낀다.

등잔불 은은히
문살 사이 번지는 빛

곰삭은 잿빛 초가
집 떠난 지 오래지 않았건만
휘어진 길 따라 지붕 한끝 보여
반가움에 뭉클 눈물이 났지요

텃구렁이 참새 쥐 떼 굼벵이
백제 시대부터 함께 살아온 토담집

아늑한 토담집엔
쟁쟁이 들리는 정담들

이젠 아파트의 풍요가 깃든 마을
흔적 없이 사라진 옛집
뎅그랗게 꿈결에만 되살아나
아련합니다

—〈둥지〉 전문

고향은 유년 시절의 따뜻하고도 아름다운 공간으로 존재한다. 이 공간은 시간과 연관되어 사뭇 우주적인 양상을 띠는데, 고향을 떠났을 때는 추억이라는 상징적 관념 속에서 그리움을 내포하기 마련이다. 조정자 시인에게 있어서는 이 고향이라는 공간적 체험은 구체적으로 "등잔불 은은히/ 문살 사이 번지는 빛"과 "곰삭은 잿빛 초가" "아늑한 토담"으로 존재한다. 또한 "미나리아재비 노랑꽃 맑게 흔들리는 논가/ 도랑물엔 버들치, 꽃붕어, 소금쟁이, 물방개"(〈귀향〉)도 빼놓을 수 없는 존재이다. 그러나 지금은 아파트가 들어서고 "우쭐우쭐 빌딩이 들어서고 낯선 사람들만 있는"(〈마음에만 고향이〉) 도회지로 변해 추억 속에서만 존재하게 되었다. 그 유년의 공간이 "흔적 없이" 사라진 것이다. 흔적 없이 사라진 고향 대신 화려한 빛들이 부서지는 도심은 시인에게 "늘 변방"(〈송전 철탑〉)으로 낯선 곳이 되었다. 그러나 이제 시간이 흘러 "알 수 없는 미지의 끝을 향해 어른이 되고/ 수십 년의 그리움을 만나러 풍경에 닿"(〈종착역〉)은 나이가 되었다.

만져지지도 않는 것이
보이지도 않는 것이
질기긴 왜 그렇게 질긴지

하기사 하루아침에 만들어진 것이 아니라
마음속에서 오랜 시간 숙성되어

잊는 것도 꽤 오래
두고두고 흔적이 남겠지
이별이라 해도 머나먼 공간
일상이 평안하리라는 가끔은 안부가 그리워지고
바람결에도 행보의 자취가 떠오르는
스쳐 지난 인연들이여

서운했던, 고마웠던, 행복했던 정이란 그림자
지나고 나니 내 마음에 엷은 파스텔톤으로
색상 좋은 무늬의 추상화가 자리 잡았네

—〈정情〉 전문

어른이 되고 그리움을 만나러 풍경에 닿은 나이가 되고 보니 "하루아침에 만들어진 것이 아니라/ 마음속에서 오랜 시간 숙성"된 정이 고였다. 그렇게 고인 정은 시공을 뛰어넘어 일상이 평안하리라는 안부가 그리워지고 "바람결에도 행보의 자취가 떠오르는" 인연을 생각하게 한다. 때로는 서운했던, 때로는 고마웠던, 때로는 행복했던 정을 '인연'으로 받아들이며 "휘청거렸던 길/ 꽃길이었던 길/ 눈비 맞던 길/ 농익은 살구처럼 감미로와/ 살아갈수록 그리운 세상"(〈여정〉)을 가슴에 품는다. 한 생을 돌이켜보니 겉과 속이 다른 통배추처럼 "내 겉도 속도 함께/ 세월의 잡티 묻어"(〈통배추〉) 있음을 성찰하게 되고, "오직 나의 두 발자국/ 적요의 침묵"(〈솔숲엔 눈발이〉) 속임을 깨닫기에 이른다. 그리하여 조정자 시인은 마침내 "눈물과 슬픔은 오래되면/ 영혼의 사리처럼/영롱히 되살아"(〈사리〉) 남을 믿는다. 이 얼마나 높은 정신세계인가. 〈정상에 부는 바람〉에서 골격이 휘어진 소나무가 "그런대로 한세상 흐르면 흐르는 대로 늘 푸르기만 하"듯이. 조정자 시인의 높은 정신세계는 북극 여행을 통해서도 읽을 수 있다.

어둠이 없는 나라에도 밤이라고
상점들은 철시하고

모두가 잠든 훤한 밤에
이국의 거리에서 나그네는
일상이었던 곳을 벗어나
호젓이 북극의 여명을 헤맵니다

순결한 만년설의 바람과
빙하의 자욱한 물안개와 물소리

밀도 높은 사람 사이 일어나는
세속의 분진들 씻기는
태고의 숨소리
내 안에 잦아들어
빙하의 물결처럼 흐르고 싶습니다

—〈어둠이 없는 북극의 밤〉 전문

시인이 와 있는 북극은 "밀도 높은 사람 사이 일어나는/ 세속의 분진들 씻기는/ 태고의 숨소리"로 가득한 곳이다. 그만큼 다른 지역보다 맑고 깨끗한 곳이란 의미를 내포한다. "순결한 만년설의 바람" 그리고 "빙하의 자욱한 물안개와 물소리"에 감동한 시인은 자신의 생이 빙하의 물결처럼 흐르기를 소망한다. 나아가 "물도 바람도 공기도 원시적인 곳/ 영혼이 원시로 돌아가 흠 없이/ 맑아진 나를 마주하"(〈빙하 마을에〉)는 정신세계를 그리고 있다. 이곳이 얼마나 시인 자신에게 정신적으로 행복감을 주었는가는 아래 단 5행으로 대변하고 있다.

그곳은
공기
바람
물
달고 맛있었다

—〈북극의 나라〉 전문

한편, 조정자 시인의 이번 시집에는 일 년 사계절 중 유독 봄에 관한 시가 많다. 그 이유가 무엇일까. 봄은 부활, 소생, 쇄신과 같은 원형적 상징성을 갖고 있기 때문이 아닐까. 겨울의 황량하고 쓸쓸함에서 생과 희열의 생기를 띄우는 계절이 봄이고 보면 화사한 봄이 시인에게는 축복이 아닐 수 없으리라.

동토凍土의 땅에
바람에 묻어온 봄바람이
살랑이며 어루더니

날마다 달마다
화-안한 갈망의 꿈
가슴에 피고

그리웠노라
지나간 봄들보다
키 움쑥 자란
꽃소식
올봄엔 더더욱 화들짝 놀랄 만큼
분홍빛 꽃너울을 기다리노라

—〈화신花信〉 전문

대지에 번지는 꽃소식은 봄바람이 먼저 전해주기 마련이라 그동안 "날마다 달마다/ 화-안한 갈망의 꿈"을 안고 꽃소식을 그리워하고 기다리는 심정이 잘 드러나 있다. 씨앗이 마치 어머니의 태 안에서 성장하고 발육하는 것처럼 마침내 고운 꽃잎과 연두의 새 움과 노란 꽃술까지 축복처럼 터지는 봄을 맞이할 기다림에 대해 노래한 〈씨앗〉에서 시인은 "은총의 봄은 작렬한 부활의 세상"이라고 감격한다. 또한 "살아있는 모든 숨결에/ 깃든 잉태의 모성/ 도처에 생명의 봄/ 활력의 봄에 범람한 새 생명/ 고운 봄날"(〈고운 봄날〉)을 함께 노래한다.

잔설殘雪이 히끗한데
내리는 일몰
수절 여인 매무새

차가운 밤
깊어갈수록
흰 매화 향기
그윽하다

—〈흰 매화〉 전문

봄에 피어나는 많은 꽃 중에서 매화는 단연 가장 대표적인 꽃이리라. 사군자 중 하나인 매화는 "수절 여인 매무새"처럼 지조와 절개를 상징하는 꽃으로 자리한다. 혹독한 추위를 이기고 피워내는 꽃이기에 강인한 생명력을 나타내기도 한다. "차가운 밤/ 깊어갈수록" 더욱 그윽해지는 매화 향기는 "삶의 향기 지닌/ 은수자 같은 이팝꽃"(〈향기에 숨 막혀〉)과 함께 "아픈 이들의 손을 잡아 일으키는 치유의 봄"(〈봄이 오고 있다〉)을 대변하고 있음을 시인은 강조하고 있다.

마지막으로 조정자 시인의 시세계에서 우리가 관심을 가져야 할 점은 환경문제와 코로나 등 현실인식 또한 깊다는 점이다. 다음 시를 보자.

지구별 어디쯤 상처 덧날 줄 알았네
이 몸 흙에서 와서일까
내내 기진해
뼈마디 아프고 살이 아프고
어딘가 지진 나려나
화산 터지려나 독백

그럴 적마다 지구별은 덧나
심장이 폭발해
선혈인 용암이 넘쳐나
내 있는 곳 반대편에서도 변고 나려면
곤곤함과 질긴 듯한 피로감
흙에서 온 내 육신 감지하는 걸 느끼면
아무래도 지기地氣가 흐르는지
흙과 나는 한 몸인 것이가

—〈지구별의 상처〉 전문

이 작품 말미에는 '하와이에서 지진 나던 날'이라는 부제가 붙어있다. 그러니까 하와이에서 지진이 발생했다는 뉴스를 듣고 언젠가는 "지구별 어디쯤 상처 덧날 줄 알았"던 대로 하와이뿐 아니라 지구 곳곳이 지진과 화산처럼 이상현상이 끊이지 않음을 시인 자신의 몸이 "뼈마디 아프고 살이 아프고" 내내 기진해 있음에다 비유하고 있다. 그러나 이 시에서 말하고자 하는 것은 단순히 지진이 나고 화산이 터지는 현상만을 이야기하는 것이 아니고 핵심은 자신의 몸이 흙에서 와서인지 "아무래도 지기地氣가" 흐르는 것 같다는 우주 자연에 대한 감각적 인식이라는 점에 있다. 이러한 인식은 "미물과 짐승과 화마에 희생당한 지구 가족"(〈산불〉)을 염려하고, "봄이 이리 무참하랴/ 코로나바이러스 19/ 사람 사이/ 입 닫고 등 돌리고/ 문 닫고 은신하기"(〈기원〉)와 같은 오늘날 전 인류가 겪고 있는 팬데믹에도 관심을 보여주고 있음은 시인의 정신이 어떠해야 하는지를 잘 보여주고 있다.

계간문예시인선 170

조정자 시집 _ 물의 발원지를 향하여

초판 인쇄 2021년 11월 25일
초판 발행 2021년 11월 30일

지 은 이 조정자
회　　장 서정환
발 행 인 정종명
편집주간 차윤옥

펴낸곳 도서출판 계간문예
편집부 03132 서울 종로구 삼일대로 30길 21 종로오피스텔 1209호
주소 03132 서울 종로구 삼일대로 32길 36 운현신화타워 305호
전화 02-3675-5633 팩스 02-766-4052
인쇄 54991 전북 전주시 완산구 공북1길 16, 신아출판사
이메일 munin5633@naver.com
등록 2005년 3월 9일 제300-2005-34호
ISBN 978-89-6554-248-3 04810
ISBN 978-89-6554-118-9 (세트)

값 10,000원

잘못 만들어진 책은 바꾸어 드립니다.
이 시집은 한국예술인복지재단에서 창작 지원금을 받아 출간되었습니다.
저자와 협의하여 인지를 생략합니다.